RECUEIL
DE
LÉGISLATION, DE DOCTRINE ET DE JURISPRUDENCE
COLONIALES

DIRIGÉ PAR

P. DARESTE
DOCTEUR EN DROIT
AVOCAT
A LA COUR D'APPEL DE PARIS

G. APPERT
DOCTEUR EN DROIT
CHARGÉ DE CONFÉRENCES
A LA FACULTÉ DE DROIT DE PARIS

MAX. LEGENDRE
DOCTEUR EN DROIT
AVOCAT AU CONSEIL D'ÉTAT ET A LA COUR DE CASSATION

Secrétaire de la Rédaction : L. ROTUREAU-LAUNAY
AVOCAT A LA COUR D'APPEL DE PARIS

LE GOUVERNEMENT GÉNÉRAL
DE
L'AFRIQUE OCCIDENTALE FRANÇAISE
1895-1899 — 1902-1904

PAR

G. HERBAULT
AVOCAT A LA COUR D'APPEL DE L'AFRIQUE OCCIDENTALE

Abonnement Annuel : France et Colonies, 20 fr.; Étranger, 24 fr.

Toute demande de numéro doit être accompagnée de son montant en un mandat ou timbres-poste. — Le prix du numéro séparé est fixé à 2 fr.

PARIS
MARCHAL & BILLARD, Administrateurs
LIBRAIRES DE LA COUR DE CASSATION
Place Dauphine, 27 (1er Arrond^{t})
Dépositaire : CREBESSAC, libraire à Hanoï.
1906

CHEZ LES MÊMES EDITEURS

DROIT COLONIAL ET ÉTRANGER

Magistrature aux Colonies (La); par **un lieutenant de Juge**. 1 vol. in-16. 1902. 2 fr. 50

Législation et décentralisation aux Colonies. Régime des décrets et autonomie coloniales combinées; par **G. Rabaroust**. In-8, 1903. 1 fr. 50

Cour d'assises coloniale (La). Notes de doctrine et de jurisprudence sous les art. 241 à 405 du Code d'instruction criminelle coloniale; par **G. Brunaud**, Président de la Cour d'appel de l'Afrique occidentale. 1 vol. gr. in-8. 1905. 5 fr.

Législation Algérienne (**Dictionnaire de la**). Code annoté ou Manuel raisonné des lois, ordonnances, décrets, décisions et arrêtés publiés au Bulletin officiel des actes du Gouvernement; par **M. P. de Ménerville**, Premier Président de la Cour d'appel d'Alger. 2e édition. 3 vol. gr. in-8. 1866-1872. 35 fr.

Codes français-algériens comparés (**Les**), comprenant également la législation française en Tunisie. Code civil et Code de procédure civile; par **L. Rouire**, ancien Avoué à Mascara. 1 vol. gr. in-8. 1886. 12 fr.

Législation tunisienne (**Dictionnaire de la**). Nouvelle édition, mise au courant de la législation et de la jurisprudence jusqu'au 15 septembre 1895; par **A. Sebaut**. 1 vol. gr. in-8. 1896. 25 fr.
— Supplément renfermant les lois, décrets et arrêtés promulgués en Tunisie du 15 septembre 1895 au 1er janvier 1899. 1 vol. in-4°. 10 fr.

Législation de l'île de la Réunion. Répertoire raisonné des lois, ordonnances, décrets, etc., en vigueur dans cette colonie; par **Delabarre de Nanteuil**, ancien Bâtonnier de l'ordre des Avocats à la Cour d'appel de la Réunion. 2e édition, revue et augmentée. 6 vol. gr. in-8. 1861-1863. 45 fr.

Droit hindou (**Traité théorique et pratique du**), applicable dans les Etablissements français de l'Inde. Cours professé à l'Ecole de droit de Pondichéry; par **L. Sorg**, Procureur de la République à Hanoï. 1 vol. in-8. 1897. 9 fr.

Droit hindou (**Introduction à l'étude du**); par **L. Sorg**, Procureur de la République à Hanoï. 1 vol. in-8. 1895. 1 fr.

Jurisprudence indienne (**Avis du Comité consultatif de**), publiés avec une préface et des notes; par **E. Sorg**, Procureur de la République à Hanoï. 1 vol. in-8. 1897. 5 fr.

AVIS

Nous engageons nos abonnés à souscrire à la COLLECTION DU RECUEIL. Années 1898 à 1905.

7 beaux volumes gr. in-8° . . . . 75 fr.

Payables en un mandat-poste.

LE GOUVERNEMENT GÉNÉRAL

DE

L'AFRIQUE OCCIDENTALE FRANÇAISE

1895-1899 — 1902-1904

La question de droit et de légalité des décrets des 18 octobre 1904 et 5 avril 1905, qui ont réorganisé le gouvernement général de l'Afrique occidentale française, a été traitée, ici même, par un éminent jurisconsulte (1), avec une compétence et une autorité qui s'imposent. Sans revenir sur ce sujet, et en nous plaçant à un autre point de vue, nous voudrions essayer de montrer les conséquences administratives et financières du nouveau régime et les modifications qu'il nous paraît indispensable de lui faire subir.

I

LES DÉCRETS DU 16 JUIN 1895 ET DU 17 OCTOBRE 1899

Aux premiers comptoirs fondés par nos marchands, aux premiers postes conquis par nos armées, sur la côte occidentale d'Afrique, étaient venus s'ajouter de vastes territoires occupés peu à peu pour assurer la sécurité de nos nationaux entourés de populations hostiles.

Ces territoires formèrent d'abord des colonies distinctes qui avaient pu vivre de leur existence propre et agir au mieux de leurs intérêts particuliers sans avoir à considérer les intérêts des colonies voisines avec lesquelles elles n'avaient aucun point de contact.

Mais le jour où leur extension territoriale les avaient réunies en arrière des enclaves formées sur la côte par les colonies étrangères, il pouvait surgir entre elles des conflits d'intérêts qu'il fallait prévoir et empêcher.

M. Chautemps, ministre des Colonies, reconnaissant : « la nécessité devenue impérieuse de donner plus d'unité, dans nos possessions du nord-ouest de l'Afrique, à la direction politique et à l'organisation militaire », présentait à la signature du Président de la République le décret du 16 juin 1895, organisant le gouvernement général de l'Afrique occidentale française.

Les colonies composant le gouvernement général étaient placées sous la *haute direction politique et militaire* d'un gouverneur général, mais

(1) Les décrets du 18 octobre 1904 et le Conseil général du Sénégal, par Arthur Girault, professeur à la Faculté de droit de Poitiers, au *Recueil* 1905, 2e partie, p. 25.

chaque colonie gardait son *autonomie administrative et financière* sous l'autorité de leurs gouverneurs respectifs.

La conception était heureuse : s'il y avait nécessité à réserver l'unité de direction à une politique qui s'appliquait à de vastes territoires dont l'étendue augmentait chaque jour, — s'il y avait nécessité à grouper dans une seule main le faisceau des forces militaires éparses dans les diverses colonies pour pouvoir, selon les circonstances, concentrer leur effort sur le point utile, — il y avait nécessité non moins grande à laisser leur autonomie administrative et financière à des colonies si différentes par leur climat, leurs productions, leurs besoins et les mœurs des races diverses qui les peuplaient.

Telle mesure utile pour l'une pouvait être désastreuse pour l'autre, notamment en ce qui concernait les droits fiscaux sur les productions exportées et sur les marchandises importées.

Le décret du 17 octobre 1899 (1) vint compléter et affirmer cette organisation du gouvernement général.

Dans l'exposé des motifs, le ministre des colonies, M. Decrais, après avoir rappelé l'extension de notre influence qui avait réuni peu à peu, pour les transformer en un groupe compact, les différentes fractions de l'Afrique occidentale française, concluait ainsi : « Il est nécessaire désormais que le représentant le plus élevé de l'autorité centrale, le gouverneur général, assume entièrement la direction supérieure de nos diverses colonies, y compris la Côte d'Ivoire et le Dahomey, sans qu'aucune organisation *politique* ou *militaire* se constitue et agisse, soit au-dessus, soit en dehors de lui ».

Les territoires ayant constitué les possessions du Soudan français étaient répartis entre les colonies du Sénégal, de la Côte d'Ivoire et du Dahomey, sauf certains territoires qui formaient des territoires militaires (art. 1er).

Le gouverneur général était chargé de la *haute direction politique et militaire* de tous les territoires dépendant du Sénégal, de la Guinée française, de la Côte d'Ivoire et du Dahomey (art. 2).

Un officier général ou supérieur devait remplir, sous la *haute direction* du gouverneur général, les fonctions de commandant supérieur des troupes de l'Afrique occidentale (art. 3).

Les recettes et dépenses des cercles ou résidences de l'ancienne colonie du Soudan rattachés au Sénégal, y compris ceux des territoires militaires, formaient un budget autonome, arrêté chaque année par le gouverneur général en conseil privé, et sur lequel il devait être pourvu à l'exécution des engagements financiers pris par l'ancienne colonie du Soudan (art. 4).

Les recettes et les dépenses des territoires rattachés à la Guinée française, à la Côte d'Ivoire, au Dahomey, étaient inscrits respectivement aux budgets locaux de ces différentes colonies (art. 5).

Tout cela était fort sage : ce n'était que le complément de l'organisation qui, depuis 1895, avait donné « aux diverses fractions de notre empire africain un développement commercial dont quelques-unes, le

(1) V. *Recueil* 1900, 1re partie, p. 31.

Sénégal et la Guinée française, offraient déjà, par leur prospérité présente, l'exemple le plus remarquable (Exposé des motifs).

Aussi, dans le numéro du *Journal* du 20 avril 1905, M. Jean de Bonnefon (confondant, il est vrai, les décrets de 1895 et 1899 avec celui de 1902 et attribuant au second des résultats qu'il eût été plus conforme à la vérité d'attribuer aux premiers) — pouvait-il écrire : « Dans l'Afrique occidentale, le Sénégal avait, en 1894, un budget de 3.807.231 francs. Il a aujourd'hui un budget de cinq millions et demi. La Guinée a passé de 547.000 à plus de huit millions trois cent mille francs. La Côte d'Ivoire a bondi de neuf cent mille francs à deux millions et demi. Le Dahomey avait 1.600.000 de budget, et atteint aujourd'hui plus de quatre millions. Malgré cet accroissement, l'Afrique occidentale encaisse une réserve de sept millions de francs. »

Les résultats avaient confirmé l'heureuse conception du ministre Chautemps, si sagement complétée par M. Decrais.

II

Le décret du 1er octobre 1902.

Après la retraite de M. Decrais, M. Doumergue, appelé au ministère des colonies, crut devoir apporter à cette organisation des modifications profondes qui en faisaient, en réalité, une organisation nouvelle.

« Le gouvernement général, — dit M. Doumergue dans l'exposé des motifs du décret du 1er octobre 1902 (1), — ne dispose pas d'un instrument financier qui lui soit propre et puisse lui donner dans l'ordre administratif, une existence indépendante...

« Hors du Sénégal, en effet, le gouverneur général n'a que la direction politique et militaire des colonies placées sous son autorité : il reste étranger à la gestion intérieure de leurs intérêts, à leur développement agricole et commercial.

« Abstention forcée d'autant plus regrettable qu'elle se produit à une époque où l'essor économique des possessions françaises de l'Afrique occidentale prend une importance réelle, manifestée par un mouvement commercial dont la valeur totale, en 1901, a dépassé 100 millions de francs, par un accroissement de recettes budgétaires, enfin par l'exécution ou le projet de grands travaux d'utilité générale.

« Dans ces circonstances, j'ai pensé que le moment était venu de donner au gouverneur général de l'Afrique occidentale française des moyens d'action directs au service d'une autorité plus étendue. »

Il est bien difficile de dégager de ces considérations les motifs qui nécessitaient l'extension des pouvoirs du gouverneur général.

L'essor économique des colonies? L'extension du mouvement commercial? L'accroissement des recettes budgétaires?

Mais si l'essor économique, — si l'extension du mouvement commercial, — si l'accroissement des recettes budgétaires étaient justement le résultat de l'autonomie administrative et financière des colonies et de l'abstention du gouverneur général dans cette double administration?

L'exécution ou le projet de travaux d'utilité publique? Il suffit de se

(1) V. *Recueil* 1902, 1re partie, p. 321.

reporter à l'emploi des fonds produits par l'emprunt de 65 millions pour se convaincre qu'aucun des travaux projetés ne présente un caractère d'intérêt général pour l'Afrique occidentale française. Ce sont des travaux d'intérêt local.

« ... Avant tout, entre nos différentes possessions, le gouverneur général croit tenir le rôle d'un arbitre supérieur dont l'intervention ne puisse jamais, en matière administrative et politique, être ni écartée ni contestée...

« Dans l'ensemble de ses dispositions, ce projet maintient, *en principe*, aux colonies de l'Afrique occidentale française, sous la direction du gouverneur général, leur *autonomie administrative et financière*, affirmée chaque année par l'établissement de budgets distincts qui seront désormais approuvés par décrets... »

Le gouvernement général de l'Afrique occidentale française comprend :

1° La colonie du Sénégal à laquelle cessent d'être rattachés les « pays de protectorat » ;

2° La colonie de la Guinée française ;

3° La colonie de la Côte d'Ivoire ;

4° La colonie du Dahomey ;

5° Les pays de protectorat du Sénégal, les territoires du Haut-Sénégal et du Moyen-Niger qui sont groupés en une unité administrative et financière nouvelle : la « Sénégambie-Niger » (art. 1er du décret du 1er octobre 1902).

Le gouverneur général qui, sous l'empire du décret de 1895, était le *représentant* du *gouvernement* de la République, devient le *dépositaire des pouvoirs* de la République et il a seul le droit de correspondre avec le gouvernement (art. 2).

Le gouverneur général sera assisté d'un secrétaire général et d'un conseil de gouvernement. Il reçoit mandat d'organiser les services et pouvoir de nommer certains fonctionnaires (art. 3), pouvoir qu'il peut déléguer au lieutenant-gouverneur (art. 4).

Le gouverneur a sa résidence à Dakar, et détermine, en conseil de gouvernement et sur le rapport des lieutenants-gouverneurs, les circonscriptions administratives (art. 5).

Les colonies conservent leur autonomie administrative et financière. Les colonies du Sénégal, de la Guinée française, de la Côte d'Ivoire et du Dahomey sont administrées chacune, sous la haute autorité du gouverneur général, par un gouverneur des colonies portant le titre de lieutenant-gouverneur et assisté d'un secrétaire général.

Les territoires de la « Sénégambie-Niger » sont placés *directement sous l'administration du gouverneur général* (art. 6).

Les budgets des différentes colonies, établis suivant la législation en vigueur, sont *arrêtés par le gouverneur général*, en conseil de gouvernement et approuvés par décret. Le budget du gouvernement général est alimenté par les recettes de toute nature perçues dans les territoires de la « Sénégambie-Niger », et par des contributions des autres colonies dont le *montant est fixé* annuellement *par le gouverneur général*, en conseil de gouvernement et arrêté par le décret approbatif du Budget (art. 7).

C'était bien là une organisation nouvelle et complètement différente de l'organisation de 1895 et 1899.

En effet, le gouverneur général qui, en 1895, était le *représentant* du gouvernement de la République, expression qui se rapportait aux pouvoirs politiques dont il était investi, devenait en 1902 le *dépositaire des pouvoirs* de la République, expression trop vague pour qu'on puisse en déduire exactement de quels pouvoirs le décret lui donnait spécialement l'investiture.

Si l'autonomie administrative et financière était reconnue en *principe*, aux colonies de l'Afrique occidentale française, elle se trouvait virtuellement supprimée par la création du secrétariat général du gouvernement général.

III

LES DÉCRETS DU 18 OCTOBRE 1904 ET DU 5 AVRIL 1905.

Si en principe (mais en principe seulement) le décret de 1902 reconnaissait aux colonies de l'Afrique occidentale, sous l'autorité du gouverneur général, leur autonomie administrative et financière, les décrets du 18 octobre 1904 (1) et du 5 avril 1905 (2) vinrent détruire complètement le peu qui restait de cette autonomie.

Ce décret de 1904 apportait au décret de 1902 deux modifications principales :

La première consistait en une nouvelle division administrative de l'Afrique occidentale qui était divisée en cinq colonies : Sénégal, Guinée française, Côte d'Ivoire, Dahomey et Haut-Sénégal et Niger, et enfin le territoire civil de la Mauritanie.

La seconde était une organisation nouvelle du budget du gouverneur général.

Ce budget est alimenté : 1° par les recettes propres aux services mis à sa charge, 2° par le *produit des droits de toute nature*, à l'exception des droits d'octroi communaux, perçus à l'entrée et à la sortie, dans toute l'étendue de l'Afrique occidentale française sur les marchandises et les navires (art. 7).

Les budgets locaux des colonies sont alimentés par les recettes perçues sur les territoires de ces colonies, à l'exception de celles attribuées au gouvernement général et aux communes. Ils pourvoient à toutes les dépenses autres que celles inscrites à ce budget ou à celui des communes (art. 8).

C'était bien là, sans conteste, la suppression complète de l'autonomie financière des colonies; et pour ôter toute équivoque sur l'appréciation des droits qui pouvaient peut-être rester encore au Conseil général du Sénégal, le décret du 5 avril 1905 vint préciser l'abrogation du § 1er de l'article 37 du 4 février 1879 : « Le Conseil général *donne son avis* sur les tarifs de douane à appliquer dans la colonie... »

(1) V. *Recueil* 1905, 1re part., p. 6.
(2) V. *Recueil* 1905, 1re part., p. 199.

La seule assemblée élue de l'Afrique occidentale française était condamnée au silence.

Sans revenir ici sur la question déjà traitée de la légalité de ces décrets, le seul point à retenir ici est que les décrets du 18 octobre 1904 et 5 avril 1905 suppriment radicalement l'autonomie financière des colonies de l'Afrique occidentale.

Quelles raisons dictaient cette mesure? L'exposé des motifs du décret du 18 octobre 1904 nous le dit assez brièvement : « Le gouvernement général doit disposer d'un *instrument financier qui lui soit propre, afin de pourvoir aux dépenses d'intérêt commun* et de représenter réellement la *personnalité civile* de l'Afrique occidentale vis-à-vis des porteurs de titres de l'emprunt de 1903 et des souscripteurs futurs des emprunts éventuels que pourra comporter le développement normal de notre empire africain. »

Les *dépenses d'intérêt commun* se composent jusqu'à présent des fonds nécessaires au paiement du personnel et des bureaux du gouvernement général. Le gouverneur général avait son budget alimenté par des contributions fournies par chaque colonie et *fixées par lui, seul et souverain appréciateur des besoins de son gouvernement.*

La *personnalité civile* de l'Afrique occidentale était inutile : il n'y a pas et il ne peut y avoir de grands travaux intéressant l'ensemble des colonies.

Cette assertion peut paraître paradoxale : elle doit donc être expliquée.

La loi du 6 juillet 1905, « autorisant le gouvernement général de l'Afrique occidentale à contracter un emprunt de 65 millions pour travaux publics », prévoyait l'emploi des fonds de l'emprunt :

1° Travaux d'assainissement;

2° Travaux d'aménagement des ports;

3° Travaux d'ouverture des voies de pénétration (Etudes du chemin de fer reliant Kayes à la ligne de Dakar-Saint-Louis, amélioration des fleuves Sénégal et Niger, chemin de fer de la Guinée, chemin de fer de la Côte d'Ivoire);

4° Remboursement d'emprunts de la Guinée française;

5° Remboursement d'emprunt du Sénégal.

Ces travaux sont détaillés au budget de 1905 :

1° Travaux d'assainissement : constructions d'égouts et comblement de marais à Saint-Louis, Dakar et Rufisque;

2° Travaux d'aménagement des ports : quais de Saint-Louis, port de Dakar, port de Rufisque;

3° Travaux d'ouverture des voies de pénétration. Etudes de travaux sur les fleuves Sénégal et Niger, chemin de fer de la Guinée française et chemin de fer de la Côte d'Ivoire.

Les travaux d'assainissement et ceux d'aménagement des ports ne sont certainement pas des travaux d'utilité générale intéressant l'Afrique occidentale française. En France, ces travaux seraient des travaux d'intérêt local supportés par le budget communal. Dans une colonie — qui ne peut être qu'une colonie d'exploitation commerciale — il semble plus juste d'admettre que des travaux ayant pour but d'assainir les villes où s'installeront des comptoirs commerciaux et d'améliorer les conditions de manutention des marchandises, sont des travaux d'utilité générale pour la colonie appelée à bénéficier de l'installation des commerçants dans ses villes et ses ports, mais pour cette colonie seulement.

En ce qui concerne les travaux de pénétration, il peut sembler que le réseau des voies de communication doive former un ensemble intéressant toute l'Afrique occidentale et que ce soient bien là les travaux d'intérêt général nécessitant leur inscription au budget de l'Afrique occidentale française.

C'est une impression première qui s'efface devant l'examen de la situation respective des colonies, formant le faisceau de l'Afrique occidentale française, au double point de vue géographique et économique.

La France possède, dans le bassin du Niger, de vastes territoires appelés à s'étendre jusqu'à la limite de la sphère d'influence qui nous est reconnue. C'est l'immense réserve de notre expansion future et le noyau de notre empire africain; c'est déjà un vaste champ ouvert à nos entreprises commerciales.

Le fleuve du Niger y peut former une voie de communication intérieure; il ne peut assurer une voie de communication avec la voie maritime indispensable à l'essor d'une colonie.

Cette communication, il faut la chercher ailleurs.

Le Sénégal, déjà relié au Niger par le chemin de fer, est aujourd'hui la voie d'accès à une partie du Soudan. Si la navigation était assurée dans des conditions suffisantes pendant toute l'année, si la barre de l'embouchure du fleuve, — qui est une incommodité et non un obstacle pour les navires à vapeur, — était améliorée, la colonie du Sénégal et surtout la ville de Saint-Louis profiteraient de ces améliorations, car elles deviendraient le point de transit presqu'unique des marchandises de jour en jour plus nombreuses expédiées au Soudan — C'est la colonie du Sénégal qui doit en supporter les dépenses sur les perceptions des droits de douanes à l'entrée et à la sortie du Sénégal — Le Soudan, de son côté, aurait à supporter, sur ses ressources, les dépenses nécessaires pour mettre des territoires en communication avec la voie navigable ouverte jusqu'à ses frontières.

Une autre voie d'accès est à l'étude : chemin de fer de Thiès à Kayes. Des études plus pratiques modifieront peut-être ce projet. Le désir — qui paraît raisonnable et pratique — des habitants du Sénégal, intéressés à ne voir aborder que des projets de nature à augmenter la prospérité de leur colonie, serait de voir scinder le projet en deux tronçons : le premier traversant la partie relativement riche des provinces sérères et drainant leurs produits vers Thiès d'un côté et les ports du Sine et du Saloum accessibles en tout temps aux navires de mer, le second réunissant plus tard, — lorsque le progrès se sera fait sentir dans les territoires qu'il aura à traverser, la ligne déjà construite à Kayes ou plutôt à Ambédeidi, situé en dessous du passage difficile de Tamboucané.

Comme la voie fluviale du Sénégal, la voie ferrée Thiès à Kayes ne profitera qu'à la colonie du Sénégal et surtout aux ports de la petite côte et à Rufisque. Ce sont encore des travaux à supporter par la colonie du Sénégal.

Les colonies de la Guinée, de la Côte d'Ivoire, du Dahomey cherchent à se mettre en communication avec le Niger par des voies ferrées.

Elles atteindront des points différents, exploiteront des régions différentes et auront des intérêts différents.

Aussi, jusqu'au décret de 1902, chaque colonie assumait-elle la charge de ces travaux (Décret du 17 avril 1898, Décret du 14 août 1899, Décret du 22 mars 1901, Décret du 26 juin 1900, Arrêté des ministères des colonies du 7 juin 1901).

Sous les ministères Chautemps et Decrais, on considérait donc que les travaux de pénétration ne présentaient pas un caractère d'intérêt général, pour l'Afrique occidentale, et n'intéressaient que la colonie qui les entreprenait.

Sous le ministère Doumergue, tous les travaux, même les égoûts de Rufisque, Dakar et Saint-Louis, deviennent des travaux publics d'intérêt général, afin de permettre de faire disparaître, par le décret de 1904, — achevant le programme indiqué au décret de 1902, — l'autonomie financière des diverses colonies, et de centraliser leurs recettes entre les mains du gouverneur général.

Les colonies vivront de la subvention que croira dévoir leur accorder ce haut fonctionnaire, et si, débordé par les dépenses de son gouvernement et les engagements financiers résultant de l'exécution d'un vaste programme encore peu connu, le gouverneur général se voit obligé de restreindre et même de supprimer cette subvention, les colonies verront succéder à l'ère de prospérité qu'elles ont connue une période difficile.

Après la suppression de l'autonomie administrative, c'était bien la suppression de l'autonomie financière.

IV

LES POUVOIRS DU GOUVERNEUR GÉNÉRAL.

« Les fonctions de gouverneur général donnent au titulaire des attributions étendues, la *plénitude du pouvoir*, s'il sait s'affranchir comme il convient de la tutelle tatillone, impuissante mais malfaisante des bureaux de la Métropole. » (Doumer, *L'Indo-Chine française*.)

Cette plénitude du pouvoir, cet affranchissement du contrôle du ministère, ne sont pas sans inconvénients.

« L'éloignement donne à un gouverneur trop de facilités pour tromper pendant des années l'administration centrale sur la véritable situation de sa colonie et pour multiplier les abus d'autorité; à la condition de savoir conserver en Europe des appuis puissants, il peut se maintenir presqu'indéfiniment. L'homme nouveau, que les combinaisons ministérielles amènent à la tête du département, arrive ne connaissant pas son personnel de gouverneurs et ne peut pas se rendre compte lui-même sur place de ce qui se passe. » (Girault.)

Ce sont cependant les idées de M. Doumer qui ont inspiré le décret de 1902.

L'article 2 du décret de 1902 fait donc du gouverneur général le dépositaire des pouvoirs de la République, sans apporter aucune restriction, aucun contrôle, à l'exercice de ces pouvoirs. Il résulte cependant de quelques textes spéciaux que certaines décisions doivent être prises, soit en conseil de gouvernement, soit sur la proposition du lieutenant gouverneur, soit après avis des chefs de service, soit sous réserve de l'approbation ministérielle.

Que valent ces mesures de contrôle ?

Le Conseil de gouvernement est composé de fonctionnaires et de notables désignés par le gouverneur. Un seul membre élu : le président du conseil général du Sénégal. Il n'a donc pas une indépendance qui puisse le faire accepter comme instrument de contrôle.

La proposition du lieutenant gouverneur, l'avis du chef de service n'engagent en rien la liberté de décision du gouverneur général : Il peut décider à l'encontre de la proposition et à l'encontre de l'avis sans avoir même à indiquer quelle a été la proposition du lieutenant gouverneur et dans quel sens a été donné l'avis du chef de service.

Il peut même indiquer que sa décision est prise suivant avis conforme du chef de service, alors que, selon toute apparence, l'avis a été contraire (Arrêté du 6 juillet 1904).

Ce n'est donc pas là que nous trouverons un instrument de contrôle.

Peut-être le trouverions-nous dans l'approbation ministérielle? Cette approbation ministérielle n'apparaît pas dans la pratique. Un arrêté du 6 juillet 1904 devait recevoir l'approbation ministérielle : signé le 6 juillet à Gorée, il a été inséré dans le numéro du 9 juillet suivant du *Journal officiel* du Sénégal sans aucune indication de l'approbation ministérielle.

On peut donc conclure que les pouvoirs du gouverneur général sont absolus et sans contrôle.

Il est des circonstances où semblables pouvoirs ont leur nécessité. Lorsque, pour remédier à une crise grave qui risque de faire périr la colonie, la métropole fait appel à une personnalité qu'elle juge capable d'apporter le remède, elle ne doit pas lui marchander les pouvoirs qui lui permettront de donner un libre essor à son initiative.

C'était le cas lorsque M. Doumer accepta le gouvernement général de l'Indo-chine et aussi lorsque le général Galliéni fut envoyé à Madagascar.

Ce n'était pas le cas pour l'Afrique occidentale française dont les colonies suivaient la progression de leur prospérité croissante.

V

AUTONOMIE ADMINISTRATIVE

« Le gouverneur général de l'Afrique occidentale française..... *doit gouverner partout et n'administrer nulle part.* Cette dernière tâche incombe au lieutenant-gouverneur, mais la haute direction doit être laissée au gouverneur général seul ». (M. Clémentel, Chambre des députés, séance du 2 février 1905).

Cette haute direction, par quel rouage administratif peut-elle et doit-elle s'exercer ?

Sous le régime des décrets de 1895 et 1899, le gouverneur général était assisté de son « cabinet » qui se composait :

D'un commissaire adjoint des colonies, chef du cabinet;

D'un commissaire adjoint des colonies chargé de l'expédition des affaires concernant le Haut-Sénégal et Moyen-Niger;

D'un capitaine d'artillerie de marine ;

D'un lieutenant de cavalerie;

D'un commis de 1re classe du secrétariat général H. C., secrétaire particulier du gouverneur général.

Le décret de 1902, sans supprimer le « Cabinet », crée un secrétariat général du gouvernement général.

Le secrétariat général ne pouvait avoir pour objet d'assurer la haute direction politique et militaire, ce service devant régulièrement ressortir du cabinet du gouverneur général, composé d'éléments civils et militaires.

Le contrôle de l'administration des colonies était assuré par un service d'inspecteurs généraux.

Et enfin la « Sénégambie-Niger » était administrée par le gouverneur général *directement* ou par délégation spéciale au secrétaire général du gouvernement général (art. 6).

La création du secrétariat général entraînait, par le seul fonctionnement de ses services, l'absorption de l'administration autonome des lieutenants gouverneurs et par conséquent la suppression de l'autonomie administrative de chaque colonie. C'était la centralisation administrative avec tous ses inconvénients.

Quelle que soit l'activité du secrétaire général, il se produira forcément des lenteurs nuisibles à la bonne administration de chaque colonie.

Quelle que soit sa compétence, en modifiant les propositions des lieutenants gouverneurs, en ne partageant pas la manière de voir des chefs de service, le secrétaire général pourra, par son intervention dans les détails administratifs, amener des fluctuations regrettables dans la ligne de conduite des gouverneurs, rompre des traditions utilement suivies jusqu'alors et ordonner des mesures contraires aussi bien aux intérêts du gouvernement général ou de la métropole qu'à ceux des colonies ou de leurs habitants.

Depuis le décret de 1902, le gouverneur général, par son secrétariat général, *administre partout*; les lieutenants-gouverneurs *n'administrent nulle part.* Ils ne sont plus que les agents de transmission entre les bureaux de leur gouvernement et ceux du secrétariat général du gouvernement général.

VI

AUTONOMIE FINANCIÈRE

Le décret de 1895 édictait, dans son article 3, que les colonies gardaient leur autonomie financière sous l'autorité de leurs gouverneurs.

C'était pour les colonies une question vitale, et les inspirateurs des décrets de 1895 et 1899 ne l'ignoraient pas, lorsqu'en affirmant leur autonomie financière, ils réservaient à chaque colonie son indépendance pour la fixation des taxes à l'importation et à l'exportation.

Tout dernièrement, dans un mémoire rédigé par M. Chailley (*Quinzaine coloniale*, n° du 25 juillet 1905), l'économie de ce système de liberté étant exposée avec une remarquable clarté : « Il importe de noter tout d'abord que la situation économique de l'Afrique occidentale française s'est trouvée modifiée très sensiblement, au regard des colonies étrangères, par le décret du 14 avril dernier.

« Auparavant, les taxes en vigueur dans une colonie étaient généralement inférieures aux taxes appliquées dans les colonies voisines. A la faveur de cette situation, nos colonies avaient pu drainer une partie du commerce des colonies étrangères; les caravanes trouvaient dans nos centres de la Guinée, de la Côte d'Ivoire, du Dahomey, à vendre leurs produits plus cher, à acheter les marchandises à meilleur compte que dans les comptoirs étrangers.

« Cette situation a été renversée à l'avantage de ces dernières par le décret du 14 avril ».

Il est difficile de mieux faire ressortir les motifs qui devaient faire respecter, avant toute autre considération, cette autonomie, cause de la prospérité commerciale des différentes colonies.

Le décret du 1er octobre 1902 porta une première atteinte à cette autonomie en étendant l'autorité directe du gouverneur général sur les budgets coloniaux.

« La *haute autorité* et le *pouvoir conciliateur* ne se pouvaient exercer que si le gouverneur général, en outre d'un *personnel expérimenté* disposait de ressources budgétaires dans l'intérêt commun de nos possessions » (Exposé des motifs).

On ne saurait contester, en effet, qu'il fallait au gouverneur général les ressources pécuniaires nécessaires au paiement du personnel *spécial* (*expérimenté* si le ministre le choisissait tel) chargé de l'assister dans sa double mission de direction et de contrôle, et pour assurer aussi le paiement des dépenses faites dans l'intérêt commun des colonies composant son gouvernement.

Il était pourvu à ces obligations financières de la façon suivante :

De vastes territoires étaient enlevés au Sénégal, au Haut-Sénégal et Moyen-Niger, pour former une colonie : la « Sénégambie-Niger » administrée soit directement par le gouverneur soit par délégation au secrétariat général de son gouvernement (art. 6).

Les recettes de toute nature perçues dans ces territoires, et des contributions fournies par les autres colonies, et *fixées annuellement par le gouverneur général* en conseil de gouvernement et approuvées par le décret approbatif du budget, formaient le budget du gouvernement général et assuraient ses dépenses, celles du contrôle, des directions générales, des services communs et d'intérêt général (art. 6 et 7).

Il était juste de faire supporter par l'ensemble des colonies les dépenses du gouvernement général et de faire verser par chaque budget colonial sa part proportionnelle dans ces dépenses.

Il fallait, pour ne pas entraver sa haute direction, donner au gouverneur général le pouvoir de fixer lui-même le montant de ces contributions, en lui laissant le souci d'atténuer la lourde charge que son gouvernement imposait aux finances coloniales.

Mais pourquoi la création de cette colonie spécialement administrée par lui et dont toutes les recettes devaient constituer son budget, alors que dans l'exposé des motifs le ministre exprimait le désir que le gouverneur général « évitât le plus possible d'assumer lui-même l'administration spéciale et directe d'un des territoires placés sous ses ordres »?

La « Sénégambie-Niger » a été supprimée par le décret de 1904 qui a rendu au Sénégal les « pays de protectorat ».

Malgré sa durée éphémère, la « Sénégambie-Niger » avait été pour les « pays de protectorat » une lourde charge.

L'organisation financière des « pays de protectorat » avait été réglementée par le décret du 13 décembre 1891, l'arrêté local du 31 décembre 1891, le décret du 27 mars 1898, l'arrêté du 7 décembre suivant et par l'arrêté du 28 décembre 1899.

Chaque cercle avait son budget particulier, dit « budget régional ».

« Les budgets régionaux ont surtout été institués pour apporter dans les pays de protectorat des améliorations matérielles auxquelles le budget local n'avait pu suffire jusqu'alors... Des sommes importantes sont consacrées chaque année à des améliorations matérielles considérables... » (*Annuaire* 1900, p. 326-327).

Au budget de 1900, une somme de 608.283 fr. 96 était prévue pour les travaux publics.

Un budget des « recettes et dépenses communes » des pays de protectorat, alimenté par des contingents versés par chacun des budgets régionaux faisait face à certaines dépenses d'intérêt général. Cette contribution, pour 1900, s'élevait à 364.128 fr. 15.

Cette organisation financière des pays de protectorat avait soulevé au début de violentes critiques : les résultats se chargèrent de les démentir. Les recettes réalisées qui, en 1892, s'élevaient à 350.355 fr. 28 dépassant les prévisions de 50.255 fr. 28, atteignaient, en 1899, 1.624.469 fr. 73 dépassant les prévisions de 200.801 fr. 73.

Il faut tenir compte, dans l'évaluation de cette progression des recettes, de ce que la redevance, qui était en 1893 de 1 franc par habitant, avait été élevée à 2 francs pour différents cercles.

Au budget de la Sénégambie-Niger (exercice 1904), l'impôt a été élevé à 3 francs dans les cercles du Bas-Sénégal et dans le Saloum oriental, à 2 francs dans la Casamance, le Nianiouli et le cercle de Maka-Colibentan. Le produit de cette élévation était évalué à 438.679 francs. L'impôt a été élevé depuis à 4 francs dans les cercles de Louga, Tivavouane, Thiès, Dagana et la province du Sine.

Avant le décret de 1902 les pays de protectorat payaient :

1° Sur les budgets régionaux :

Le personnel supplémentaire adjoint à l'administrateur, les frais de perception et de gestion des recettes, les gardes régionaux et les frais divers : 1.150.626 fr. 61.

Le total des recettes prévues était de 3.320.863 fr. 75.

2° Sur le budget des dépenses communes :

Le personnel attaché à la direction des affaires indigènes	69.858 fr.
Bureau des finances et approvisionnements	46.920
Contrôle financier	3.000
Personnel des travaux publics	17.000
Au total. . .	136.778 fr.

Le total des parts contributives des budgets régionaux s'élevait à 364.128 fr. 18.

Tout en payant le personnel et les frais de leur administration, les pays de protectorat pouvaient en outre employer 79.925 fr. pour leurs écoles et 608.283 fr. 96 à des travaux améliorant, dans chaque cercle, la condition des indigènes (exercice 1900).

Cette organisation disparut avec la création de la Sénégambie-Niger, qui engloba toutes ces recettes pour les affecter aux dépenses du gouvernement général (Décrets de 1902).

Au budget local soumis aux délibérations du conseil général du Sénégal figuraient les dépenses du gouvernement général et du gouvernement du Sénégal (Décrets de 1895 et 1899).

Ces dépenses étaient prévues au budget de 1900 pour :

Gouvernement général et gouvernement du Sénégal. .	162.500 fr.
Secrétariat général du Sénégal	151.800
Affaires indigènes	256.030
Total. . .	570.330 fr.

Au cours de l'administration du gouverneur général Ballay, les dépenses avaient été diminuées de 39.210 fr. Sur le seul article « Gouvernement général et Gouvernement du Sénégal, personnel et matériel », la diminution s'élevait à 26.700 fr.

A la suite du décret de 1902, ces dépenses devaient subir une inquiétante augmentation.

Dans le budget de la « Sénégambie-Niger » le relevé des dépenses se rapportant au seul gouvernement général nous donne les chiffres suivants :

	1903	1904
Ch. 1. Gouvernement général	223.600 fr.	217.300 fr.
Ch. 2. Secrétariat général du gouvernement général.	202.800	259.475
Ch. 3. Inspection des travaux publics .	125.000	202.000
Ch. 4. — des services sanitaires.	33.804	104.108
Ch. 5. — postes et télégraphes .		22.500
Ch. 6. — affaires indigènes . .	47.000	43.000
Ch. 7. — agriculture	24.800	262.700
Ch. 9. Contributions, subventions et dépenses diverses	317.700	413.900
Total. . .	974.704	1.524.983

Augmentation de 1903 à 1904 : 650.279 francs.

Le budget de 1905 accuse encore une augmentation de près de 100.000 fr., exactement 97.200 fr.

Sous le régime des décrets de 1895 et 1899, le dernier budget établi, celui de l'exercice 1902, prévoyait pour les dépenses du gouvernement général et du gouvernement du Sénégal réunis une dépense de 135.800 fr.

Le premier budget établi à la suite du décret de 1902 prévoyait, pour les dépenses du gouvernement du Sénégal seul, une dépense de 66.050 fr.

La différence, soit 69.750 fr., représentait au budget de 1902 les dépenses du seul gouvernement général.

Par le fait seul de la création des nouveaux services institués par le décret de 1902, surtout du secrétariat général, les dépenses s'élèvent dès la première année à plus de 800.000 francs et dépassent, la seconde année, un million et demi. Et encore, dans ces dépenses qui ne s'appliquent qu'au personnel et au matériel ne sont pas comprises les constructions du palais du gouverneur général et de l'hôtel du secrétariat général qui dépasseront trois millions.

Non seulement les décrets de 1902 et de 1904 étaient arrivés à la suppression complète de l'autonomie financière des colonies, mais encore ils les avaient grevées de lourdes dépenses dont l'accroissement progressif menace d'absorber, dans l'avenir, la plus grosse part de leurs disponibilités après l'acquittement de leurs dépenses obligatoires.

VII

CONCLUSIONS

« Le gouverneur général de l'Afrique occidentale française... doit *gouverner partout et n'administrer nulle part*. Cette dernière tâche incombe au lieutenant-gouverneur. Mais la haute *direction* doit être laissée au gouverneur général seul. J'estime comme mon collègue qu'il est nécessaire de *tempérer l'autorité dictatoriale* du gouverneur général par *des éléments élus* dans le conseil de gouvernement qui est institué près de ce haut fonctionnaire... » (M. Clémentel, ministre des colonies, séance de la Chambre des députés du 2 février 1905).

Laissons de côté le décret illégal du 18 octobre 1904, et voyons si, par des modifications au décret du 1er octobre 1902, il est possible d'appliquer le programme de M. le Ministre des colonies.

1. — « *Le gouverneur général doit gouverner partout et avoir seul la haute direction* ».

Nous trouvons les pouvoirs nécessaires dans les articles 2 et 3 du décret de 1902.

Le gouverneur général est le *dépositaire des pouvoirs* de la République. *Il a seul le droit de correspondre avec le gouvernement. Il organise les services* à l'exception de ceux qui sont régis par les actes de l'autorité métropolitaine. *Il règle leurs attributions.*

Il nomme à toutes les fonctions civiles, à l'exception de celles de lieutenant-gouverneur, de secrétaires généraux, de magistrats, de directeurs des contrôles, de directeurs généraux, de chefs des principaux services, d'administrateurs et des nominations réservées à l'autorité métropolitaine par des actes organiques.

Pour ces divers emplois, les nominations se font sur *sa présentation*; les fonctionnaires sont mis *à sa disposition* et *répartis par lui* entre les colonies et les territoires de l'Afrique occidentale, sauf en ce qui concerne les lieutenants-gouverneurs, les secrétaires généraux et les magistrats.

2. — « *Le gouverneur général n'administre nulle part; cette tâche incombe au lieutenant-gouverneur* ».

L'application de ce principe entraîne la suppression du secrétariat général du gouvernement général et des directions générales, la suppression de la colonie administrée directement par le gouverneur général (suppression faite par le décret de 1904). Les articles 6, 7 et 8 devraient donc être ainsi rédigés :

Art. 6. — Les colonies et territoires composant le gouvernement général de l'Afrique occidentale française possèdent leur autonomie administrative et financière dans les conditions ci-après :

Les colonies du Sénégal, de la Guinée française, de la Côte d'Ivoire, du Dahomey et du Haut-Sénégal et Moyen-Niger sont administrées chacune par un gouverneur des colonies assisté par un secrétaire général.

Art. 7. — Les budgets des colonies et territoires de l'Afrique occidentale française, établis conformément à la législation en vigueur (en 1902. Les décrets de 1904 et 1905 étant considérés comme illégaux) sont arrêtés par le gouverneur général en conseil de gouvernement *assisté des membres élus* et approuvés par décret rendu sur la proposition du ministre des colonies.

Les dépenses du gouvernement général et des services communs et d'intérêt général sont inscrites au budget du gouvernement général.

Ce budget est alimenté par des contributions des colonies et territoires composant l'Afrique occidentale française.

Le montant de ces contributions sera annuellement fixé par le gouverneur général en conseil de gouvernement *assisté des membres élus* et arrêté par le décret approbatif du budget.

Art. 8. — Chaque *gouverneur* est, sous le contrôle du gouvernement général, ordonnateur du budget de la colonie qu'il administre.

Le gouverneur général a l'ordonnancement des dépenses *du budget du gouvernement général.*

Enfin, et « pour mieux sauvegarder la liberté d'action du gouvernement général en dehors et au-dessus des administrations locales » (exposé des motifs), et pour ne pas entraver l'administration du gouverneur de la colonie, l'article 5 doit être remplacé par une disposition toute différente :

Art. 5. — *Le gouverneur général a sa résidence officielle dans la commune de Gorée placée sous son administration directe, sous réserves des droits de la commune et de la municipalité, conformément aux lois et règlements en vigueur au Sénégal sur l'organisation municipale.*

3. — « *Il est nécessaire de tempérer l'autorité dictatoriale du gouverneur général par des éléments élus dans le conseil du gouvernement* ».

Pour obtenir ce résultat, le ministre fait entrer au conseil de gouvernement des éléments élus que leurs fonctions obligent à la résidence à Paris. Ils ne seront appelés à faire partie du conseil de gouvernement que lorsque le gouverneur général voudra bien faire coïncider sa convocation avec leur passage au siège du gouvernement général. Leur admission dépend donc de la volonté seule du gouverneur général.

Le décret du 5 avril 1905 ne peut produire le résultat que se proposait le ministre.

Au conseil supérieur des colonies, celles-ci sont représentées, soit par leur député, soit par un délégué élu spécialement à cet effet.

Au conseil de gouvernement, chaque colonie pourrait être représentée par un délégué élu dans les mêmes conditions que le délégué au conseil supérieur.

Une simple modification à l'article 1er du décret du 15 octobre 1902 (créant un conseil de gouvernement de l'Afrique occidentale) nous amènera au but que s'est proposé, sans l'atteindre, M. le ministre des colonies.

Art. 5. — Le conseil de gouvernement de l'Afrique occidentale française est composé comme suit :....

Au lieu de : « un des habitants notables... à la désignation des lieutenants-gouverneurs », dire : « un habitant de chacune des colonies du Sénégal, de la Guinée française, de la Côte d'Ivoire, du Dahomey et du Haut-Sénégal et Niger, élus dans les mêmes conditions que les délégués au conseil supérieur des colonies ».

Le Sénégal figure dans cette nomenclature des colonies bien qu'il soit déjà représenté au conseil de gouvernement par un élément élu : le président de son conseil général. Le conseil général ne représente qu'une petite partie de la colonie : les territoires d'administration directe. Les territoires des pays de protectorat ne sont pas représentés, bien qu'ils soient de beaucoup les plus étendus. Comme les autres colonies de l'Afrique occidentale, ils doivent être représentés par un *élément élu.*

Ces délégués, au nombre de cinq, seront en minorité très sensible et leurs voix ne compteront guère dans les décisions du conseil de gouvernement. Leurs observations ou leurs avis ne pourront se faire entendre que si une certaine publicité est donnée aux délibérations auxquelles ils prennent part.

Cette publicité serait suffisante et efficace par la publication du procès-verbal de ces séances aux journaux officiels du gouvernement général et des colonies de l'Afrique occidentale française.

J'ai critiqué le système. Il est à peine besoin de dire que ma critique ne s'adresse pas aux personnes. Si les vices d'une organisation pouvaient être effacés par ceux qui sont chargés de l'appliquer, ma thèse perdrait de sa valeur. Mais je reste persuadé que les plus généreux efforts et les plus éminentes qualités sont singulièrement contrariés par des institutions défectueuses, et en proposant de les réformer, je crois servir la cause même à laquelle se sont consacrés ceux qui ont la haute direction de l'Afrique occidentale française, c'est-à-dire celle de la prospérité de notre empire colonial dans cette partie du monde.

G. HERBAULT,
Docteur en droit, Avocat à la Cour d'Appel de l'Afrique occidentale.

ANGERS. — IMP. A. BURDIN ET Cie, 4, RUE GARNIER.

Théorie du Droit musulman (**Étude sur la**); par **Savvas Pacha**, ancien Gouverneur général, ancien Ministre des travaux publics et des affaires étrangères de Turquie. 2 vol. in-18. 1892-1898. 12 fr. 50
Le tome II se vend séparément. 7 fr. 50

Droit musulman (**Le**) **expliqué.** Réponse à un article de M. J. **Goldziher**, par le *même auteur*. 1 vol. in-18. 1896. 2 fr.

Tribunal musulman (**Le**); par **Savvas Pacha**. 1 vol. in-18. 1902. 2 fr. 50

Droit musulman. Le Wakf ou immobilisation d'après les principes du rite hanéfite; traduit de l'arabe par **MM. Benoît Adda**, Avocat, et **Elias-D. Ghaliounghi**, Interprète. Suivi d'un recueil de législation et de jurisprudence. 1 vol. gr. in-8. 1893. 14 fr.

Wakf ou Habous (**Le**) d'après la doctrine et la jurisprudence (rites hanéfite et malékite); par **M. Clavel**, Avocat. 2 vol. in-8. 1903. 25 fr.

Droit musulman (**Cours de**). — 1er fascicule : **La propriété**; par le *même auteur*. 1 vol. gr. in-8. 1886. 6 fr.

Français en Turquie (**Des**) spécialement au point de vue de la propriété immobilière et du régime successoral; par **A. Aliotti**, Docteur en droit, Avocat à Smyrne. 1 vol. in-8. 1900. 7 fr.

Absence (**De l'**) en Droit musulman; par **L. R.** 1 vol. in-18 1897. 1 fr. 50

Action pénale (**De l'**) en Droit musulman. Rite hanéfite; par **Omar Loutfy Bey**, Sous-Directeur et Professeur de Droit criminel à l'École de Droit du Caire. 2 vol. in-8. 1897-1899. 6 fr.

Loi anglaise (**Aperçu de la**) au point de vue pratique et commercial; par **Adolphus Selim**, Solicitor près la Cour suprême d'Angleterre. 2e édition, 1 vol. in-8. 1887. 8 fr.

Sociétés anglaises limited (**Les**). Manuel pratique; par **M. Rand Bailey**, ancien Solicitor près la Cour suprême de judicature d'Angleterre. 1 vol. petit in-8 1885 6 fr.

Code pénal de la Corée. Traduit en français, contenant la traduction et l'analyse des 672 articles dudit code, l'indication des textes de législation comparée puisés dans le code pénal de la Chine et dans le code annamite; des notes explicatives sur les institutions, us et coutumes de la Corée; l'exposé des réformes pénales soumises au grand Conseil coréen; une table alphabétique et raisonnée des matières; par **L. Crémazy**, premier Président de Cour honoraire, ancien Conseiller légiste à Séoul. 1 vol. in-4o. 1904. 30 fr.

Code pénal de la Corée. Texte complémentaire; par le *même Auteur*. In-4o. 1906. 5 fr.

ANGERS, IMPRIMERIE A. BURDIN ET Cie, 4, RUE GARNIER.

www.ingramcontent.com/pod-product-compliance
Lightning Source LLC
LaVergne TN
LVHW020508230826
846091LV00008BA/3412